Workshops erfolgreich planen, gestalten und moderieren

Mit einfachen Strategien zielorientierte Konzepte entwickeln und Lösungen erarbeiten

inkl. Checkliste, um die häufigsten Fehler sicher zu vermeiden

Joost Fröhlich

⚶ INHALT

Das erwartet Sie in diesem Buch

Einen Workshop zu organisieren und durchzuführen ist kein Hexenwerk. Ihr Auftraggeber hat Sie beauftragt, einen erfolgreichen Workshop durchzuführen. Zumindest wissen Sie jetzt schon einmal, um welche Art von Workshop es sich handelt, denn es gibt dazu verschiedene Themen, beispielsweise kann es um eine Entscheidungsfindung gehen oder um eine Problem- bzw. Konfliktlösung, aber es kann auch die Erstellung eines Konzeptes sein. Alle Themen haben aber etwas gemeinsam – zum einen geht es immer um eine

Lösungsfindung und zum anderen brauchen all diese Themen einen Leitfaden vom Anfang bis zum Ende. Dabei möchte ich Ihnen mit meinem Wissen und meiner Erfahrung helfen.

Sicherlich stellen Sie sich nun die Frage – wo soll ich denn da nur anfangen? Der beste Anfang ist, wenn Sie mir durch den Ratgeber folgen, um wertvolle Informationen und Tipps über den Verlauf zu erhalten.

Ich möchte Ihnen in diesem Buch die Durchführung eines Workshops erklären, insbesondere, wie Sie durch eine gut strukturierte Vorbereitung den Workshop mit Erfolg meistern. Aber nicht nur das, denn Sie wollen ja nicht nur einen Vortrag lesen, sondern möchten auch erfahren, mit welchen detaillierten Empfehlungen Sie dies alles umsetzen können. Dabei gibt es verschiedene Methoden und Techniken, die man einsetzen kann. Diese werde ich Ihnen natürlich aufzeigen, wobei Sie immer selbst entscheiden, was für Ihre Thematik und Ihre Teilnehmer die optimale Methode ist.

Es gibt eine Vielzahl von Punkten, die man beachten muss, deshalb ist eine langfristige Vorbereitung von großer Bedeutung und erleichtert Ihnen die Arbeit bei allen nachfolgenden Prozessen. Fangen Sie beispielsweise mit der Ausarbeitung Ihrer Moderatorenaufgabe an, haben Sie nicht bedacht, dass Sie bereits mehrere Schritte übersprungen haben, die jedoch wesentlich für den Workshop sind. Lassen Sie mich Ihnen aufzeigen, wie Sie Schritt für Schritt durch die strukturierte Vorbereitung und Durchführung stressfrei einen erfolgreichen Workshop bewältigen.

Die häufigsten Fehler kennen

Zu Beginn möchte ich für ein klareres Verständnis die häufigsten Fehler darstellen, die bei Erstellung eines Workshops passieren und dadurch eher selten zu dem gewünschten Ziel führen. Denn nur wenn man die Fehler kennt, kann man sie auch vermeiden. In der Regel handelt es sich nämlich hierbei um typische Fehler, die eigentlich auf den Durchführenden, also den Moderator, zurückzuführen sind. Natürlich kann man bereits bei der Vorbereitung des organisatorischen Teils viele Fehler machen, weil es einfach auch an der

Erfahrung mangelt.

Eine ungenaue Zieldefinition sollte auf jeden Fall vermieden werden, denn dies wirkt sich auf den gesamten Workshop aus. Dabei kann man sehr schnell den Faden verlieren und die Diskussionen beziehen sich nicht konkret auf die gestellte Thematik.

Ein zu straffer Zeitplan bringt nicht nur Chaos in den geplanten Ablauf, auch die Teilnehmer werden dadurch gestresst und ein kreativer Gedankenaustausch ist so nicht möglich, was sich wiederum negativ auf das Ergebnis auswirkt.

Eine mangelnde Rollenverteilung wäre auch nicht sonderlich nutzbringend, wenn beispielsweise der Moderator seine eigene Meinung in die Diskussion einbringt. Er ist als Prozessverantwortlicher aber der Fragende und nicht der Behauptende für das Team.

Eine schlechte Fragestellung führt nicht zu dem gewünschten Ergebnis, weil dadurch in die falsche Richtung diskutiert wird. Es ist aber die Aufgabe des Moderators, die richtigen oder auch provokanten Fragen zu stellen, um die Aufmerksamkeit der Teilnehmer zu der möglichen Lösung zu führen.

Fehlende Methoden bzw. Modelle für Diskussionen verhindern eine rege und kreative Beteiligung aller Teilnehmer und der Spaßfaktor kommt zu kurz. Diese Modelle sind ein wesentlicher Bestandteil eines jeden Workshops, da es sonst keine angeregte Kommunikation zwischen den einzelnen Teilnehmern gibt. Diese wiederum sind aber für das Gelingen und Erreichen eines produktiven Ergebnisses unabdingbar.

Eine fehlende oder mangelhafte Dokumentation hat zur Folge, dass alle erreichten Teilergebnisse sowie auch das Gesamtergebnis nach ein paar Tagen für niemanden mehr nachvollziehbar sind. Somit ist auch eine Umsetzung in die Praxis nicht möglich und der Workshop hat für alle Beteiligten keinen nachhaltigen Nutzen.

Strukturierte Vorbereitung

Bevor man auf die strukturierte Vorbereitung eingehen kann, möchte ich Ihnen nachfolgend erklären, worum es bei einem Workshop überhaupt geht.

WAS IST EIN WORKSHOP?

Genau betrachtet ist ein Workshop eine Arbeitsgruppe oder auch ein Arbeitskreis, der aus unterschiedlichen Spezialisten mit verschiedenen Fachbereichen gebildet wird. Das so zusammengestellte Team ist in der Lage, sein Wissen in den Ablauf des Workshops einzubringen. Die Themen für einen Workshop können die Suche nach einer Entscheidung, die Erstellung eines Konzeptes oder auch die Lösung von Konflikten und Problemen sein.

WAS IST DAS ZIEL?

Das Ziel kann ganz klar definiert werden, das Lösen von Problemen, Aufarbeitung von diversen Themen oder die Weiterentwicklung einer Problematik mit innovativen Ideen. Soll beispielsweise eine bestimmte Fragestellung erarbeitet werden, so ist es die Aufgabe der Gruppe, dies ergebnisorientiert zu lösen. Hier wird das komplette Team einbezogen, um die geforderte Thematik zu einem Ergebnis zu führen.

WELCHE AUFGABE HAT DER MODERATOR?

Erst einmal übernimmt der Moderator die komplette Vorbereitung sowie auch die Organisation. Aber er führt auch das Team durch den gesamten Prozess, er achtet auf die Einhaltung der zielorientierten Aufgabenstellung, behält den Zeitplan im Blick und korrigiert diesen bei Bedarf. Weiterhin moderiert er die Diskussionsrunden, aber seine Aufgabe ist es auch, bei Uneinigkeit beziehungsweise Konflikten zu schlichten. Was der Moderator aber auf keinen Fall tut, ist, dass er seinen Standpunkt zu fachlichen Diskussionen mitteilt. Seine Aufgabe besteht darin, das Team bei der aktiven Zusammenarbeit zu motivieren, zu steuern und zu fördern. Zusammengefasst besteht Ihre Rolle aus organisieren, kommunizieren, vermitteln, motivieren, steuern und Sie sind der Wächter der Zeit sowie der Spielgestalter in einer Person.

Doch kommen wir nun zu der eigentlichen Vorbereitung. Eine strukturierte und zielorientierte Arbeitsweise ermöglicht es Ihnen, die gestellte Aufgabe sinnvoll zu ordnen und sie nach Prioritäten zu sortieren, um dann die unterschiedlichen

Tätigkeiten nach einem strukturierten System abzuarbeiten. So haben Sie immer alle wesentlichen Themen, die erledigt werden müssen, im Blick und können erledigte Aufgaben abhaken.

Diese Vorgehensweise werde ich Ihnen in den nachfolgenden Kapiteln detailliert erläutern.

ERSTELLEN SIE EINE CHECKLISTE

Die Checkliste ist ein wesentlicher Bestandteil des Workshops, damit Sie erst einmal einen Überblick bekommen, welche zu erledigenden Aufgaben auf Sie zukommen. Ich empfehle Ihnen, dazu eine Tabelle zu erstellen, die Sie wie folgt einteilen:

Empfehlung

In die Spalten tragen Sie von links nach rechts „Thematik", „Bemerkungen", „Termin bis" und „Erledigt am" ein. Die Reihenfolge in den Zeilen werde ich Ihnen nachfolgend aufzeigen:

1. Themenbereich   Gespräch mit dem Auftraggeber – welche Erwartungen an den Workshop

2. Themenbereich   Veranstaltungsort – Ausstattung der Räumlichkeiten – Verpflegung

3. Themenbereich   Ablaufplan erstellen – Informationsmappen vorbereiten, Einladungen

4. Themenbereich   Workshop-Modell – Organisation eventuell erforderlichen Equipments

5. Themenbereich   Ausarbeitung Ihrer Vorgehensweise – Strukturierte Planung

PLANUNG DER ORGANISATIONSABLÄUFE

Nun möchte ich Ihnen zu den vorgenannten Themenbereichen einige konstruktive Vorschläge unterbreiten:

1. Themenbereich – Gespräche mit dem Auftraggeber

In dem Gespräch mit dem Auftraggeber sollten Sie herausfinden, welche Erwartungen er an den Workshop stellt. Klären Sie mit ihm die wichtigsten Eckpunkte ab, wie beispielsweise den Arbeitsschwerpunkt, die Ziele und konkreten Ergebnisse. Weiterhin sollten Sie auch die Teilnehmer inklusive der Firma, der Qualifikation, der Telefonnummer und der E-Mail-Adressen erfragen.

Ein weiterer wesentlicher Faktor ist die Abklärung des vorhandenen Budgets, da Sie verschiedene Kosten einkalkulieren müssen. Machen Sie sich vor dem Gespräch mit dem Auftraggeber darüber Gedanken und planen Sie einen finanziellen Spielraum ein. Für das Budget hat man keine zweite Chance, denn man sollte ein Budget nicht überziehen bzw. eine Erhöhung erbitten müssen. Trotzdem gilt –

Sparen ist hier fehl am Platz, denn dann leidet die gesamte Qualität und auch das Niveau darunter.

In der Regel liegt die Anzahl der Teilnehmer bei nicht mehr als 15 Personen mit einem Moderator. Handelt es sich jedoch um eine größere Teilnehmerzahl müssen Sie einen zweiten Moderator hinzuziehen, da Sie diese hohe Anzahl alleine nicht bewältigen können.

2. Themenbereich – Veranstaltungsort

Da Sie nun die Anzahl der Teilnehmer wissen, können Sie sich nach einem Tagungsort umschauen. Beachten Sie dabei, woher die Teilnehmer kommen und berücksichtigen dies für die Anreise zu dem Veranstaltungsort. Planen Sie daher auch Übernachtungen der Teilnehmer ein, sofern sie eine längere Anreise haben bzw. wenn der Workshop über mehrere Tage geht.

Nachdem Sie sich für einen bestimmten Workshop-Ort entschieden haben, sollten Sie sich die Räumlichkeiten auf jeden Fall persönlich anschauen, ob diese für Ihren Workshop und die Anzahl der Teilnehmer auch geeignet sind. Es arbeitet sich beispielsweise in Räumen mit Tageslicht besser als bei künstlicher Beleuchtung. Auch die Bestuhlung und

Anordnung der Tische in dem Raum sowie die technische Ausstattung sollten im Vorfeld geklärt werden. Der Veranstaltungsmanager des ausgewählten Tagungsortes kann Sie beispielsweise auch unterstützen, wenn Sie für die Begrüßung einen Bereich außerhalb des Tagungsraumes möchten oder auch, wie die Verpflegung organisiert wird. Auch einen geselligen Abschluss des Workshops in Form eines gemeinsamen Abendessens in einem Restaurant sollten Sie bei Ihrer Planung berücksichtigen. Dies sind wichtige Aspekte, die ich Ihnen nachfolgend empfehlen möchte:

Empfehlung

<u>Übernachtungen der Teilnehmer</u> – klären Sie vorher ab, ob es in dem Tagungsort die Möglichkeit der Übernachtung der Teilnehmer gibt und reservieren dann gleich die Anzahl der Zimmer. Diese können Sie später noch korrigieren, wenn Sie von den Teilnehmern die Information bekommen, dass sie eine Übernachtung möchten bzw. wenn Sie die genaue Anzahl der Beteiligten kennen.

<u>Räumlichkeiten</u> – durch Räume mit Fenstern haben Sie in den Pausen die Möglichkeit, die Fenster

zu öffnen und für frische Luft zu sorgen. Je nach Anzahl der Teilnehmer sollte der Raum nicht zu klein, aber auch nicht zu groß sein. Finden Sie das richtige Mittelmaß.

<u>Bestuhlung und Tische</u> – es gibt verschiedene Varianten, wie Sie die Tische stellen können. Sie können beispielsweise die typische L- oder U-Form wählen, aber auch als Alternative, bei zum Beispiel 15 Teilnehmern, 3 runde Tische mit je 5 Personen wählen. Diese Aufstellungsart ist besonders von Vorteil, wenn kleine Gruppen zusammen an verschiedenen Ansätzen arbeiten. Berücksichtigen Sie auch, dass freie Flächen mit Tischen, beispielsweise an der Wand, zum Arbeiten verfügbar sind. Denn man sollte auf alle Eventualitäten vorbereitet sein. Die Bestuhlung wird dann der gewählten Variante angepasst. Sie haben auch die Möglichkeit, für jeden Teilnehmer ein Namensschild auf die Plätze zu stellen. Es kommt häufig vor, dass einige Teilnehmer sich gut kennen und automatisch zusammensetzen. Hier können Sie durch die Beschilderung entgegenwirken. Sie haben die Wahl zwischen alphabetischer Anordnung

oder, wenn die Teilnehmer von verschiedenen Firmen oder Abteilungen sind, diese gezielt auseinanderzusetzen, denn dadurch ist die Kommunikation intensiver. Ein ebenfalls wichtiger Aspekt ist, darauf zu achten, dass gerade zu Beginn des Workshops alle Teilnehmer ungehindert Blickkontakt miteinander aufnehmen können.

<u>Technische Ausstattung</u> – berücksichtigen Sie, dass Sie einen Beamer mit Leinwand für Ihr Notebook benötigen. Erfragen Sie auch die Verfügbarkeit eines Internetanschlusses, der Geschwindigkeit der Verbindung und ebenfalls nach der W-LAN-Verfügbarkeit inklusive der Zugangsdaten.

In Workshops wird sehr gerne mit Flipcharts gearbeitet, weil dadurch die erarbeiteten Ideen und Probleme für jeden Teilnehmer sichtbar sind. Aber ein Flipchart hat auch noch einen ganz anderen Vorteil, denn wenn Sie am Ende die Ergebnisse zusammenfassen wollen, benötigen Sie nur ein Smartphone und fotografieren die einzelnen Seiten ab. Auch wichtig ist, dass Sie mehrere Flipchart-Marker in verschiedenen Farben brauchen, beispielsweise Rot für nicht gelöste Aufgaben,

Grün für erledigte Themen. Auch eine Pinnwand mit den erforderlichen Nadeln kann von Vorteil sein, wenn Sie beispielsweise mit Karteikarten arbeiten. Weiterhin sollten auch Schreibblöcke und Stifte für jeden einzelnen Teilnehmer zur Verfügung gestellt werden.

<u>Verpflegung</u> – entscheiden Sie bei dem Catering was Sie anbieten möchten ganz nach dem Motto „Je schwerer das Essen, desto langsamer sind die Teilnehmer". Beispielsweise können Sie vormittags auf den Tischen Teller mit verschiedenen Obstsorten bereitstellen. Es sollte nichts sein, was man schälen muss. Denn wohin dann mit der Schale? Für die Mittagspause sollten Sie kein Restaurant planen, denn dann passt Ihr Zeitplan nicht mehr, weil die geplante Mittagspause über den normalen Zeitrahmen hinausgeht. Lassen Sie in einem Nebenraum in Buffetform belegte Brötchen und Salate bereitstellen. Nachmittags können Sie dann auch noch Teller mit kleinem Gebäck auf die Tische stellen. Den Workshop sollten Sie mit einem Abendessen in einem Restaurant ausklingen lassen.

Sollte es sich um einen mehrtägigen Workshop handeln, sollte auch ein Rahmenprogramm organisiert werden. Prüfen Sie im Vorfeld, welche Möglichkeiten Sie am Veranstaltungsort haben. Dies kann eine Schnitzeljagd sein, ein Wettbewerb im Bogenschießen oder auch ein Klettergarten, wichtig ist, dass es im Freien stattfindet und gewährleistet wird, dass die Teilnehmer ausreichend Bewegung haben. Natürlich schließt dies auch einen Besuch in einem Erlebnis-Restaurant mit ein. Solch eine Abwechslung hat den Vorteil, dass alle Beteiligten den Kopf frei bekommen, und es hat immer einen hohen Erinnerungswert für alle. Auch bei diesem Thema steht Ihnen der Veranstaltungsmanager des Tagungshotels sicherlich gerne zur Seite.

3. Themenbereich – Ablaufplan, Einladungen

Nachdem die Planung des Veranstaltungsortes durchgeführt ist, können Sie nun die Einladungen an die Teilnehmer vorbereiten. Da wir uns im digitalen Zeitalter befinden, sollten Sie die Einladungen per E-Mail verschicken. Achten Sie deshalb darauf, dass Sie bei jedem Teilnehmer eine Lesebestätigung anfordern. Die persönliche Einladung selbst sollte auf jeden Fall den Auftraggeber, das Workshop-Thema, den Veranstaltungsort, das Datum und die Uhrzeit mit Informationen wie lange der Workshop geht, beispielsweise „von - bis" oder „am", Ihren Namen als Moderator und eventueller Bedarf an Übernachtungen beinhalten. Damit die eingeladenen Personen auch die Möglichkeit haben, sich auf den Workshop vorzubereiten, sollten Sie auch präzise und ausreichende Informationen über das zu behandelnde Thema aufführen. Die Problemstellung muss klar definiert sein, damit ein konstruktives Arbeiten im Workshop möglich ist. Benennen Sie einen Termin, beispielsweise nach 10 Tagen, für die Bestätigung oder Absage der Teilnahme und auch für die Teilnehmer, die eine Übernachtung wünschen.

Empfehlung

Finden Sie im Schlusssatz freundliche Worte für die Teilnehmer, denn Sie möchten ja, dass alle kommen.

Hier ein paar Beispiele dazu:

„Ich freue mich auf Ihre Teilnahme und unser persönliches Kennenlernen."

oder

„Ich freue mich auf Ihre Teilnahme und einen erfolgreichen Workshop."

oder

„Ich freue mich auf Ihre Teilnahme, um mit Ihnen gemeinsam einen spannenden und zielführenden Workshop zu erleben."

Achten Sie darauf, dass in der Signatur Ihre Funktion als Moderator und Ihre Telefonnummer stehen und vermeiden Sie als Schlusssatz „Gerne können Sie mich bei Fragen jederzeit anrufen" – dies ist eine Floskel, denn wer Fragen hat, wird Sie so oder so anrufen bzw. dies per E-Mail schreiben und „jederzeit", beispielsweise 3:00 Uhr morgens, möchten Sie sicherlich auch nicht angerufen werden.

Aber noch ist die E-Mail nicht versandfertig, denn Sie sollten auch Anlagen einfügen. Hierbei geht es hauptsächlich um einen groben Ablaufplan und natürlich auch um Informationen zum Workshop-Ort und dem Tagungshotel. Beginnen Sie mit der Definition des Zeitplanes in groben Zügen. Hierbei geht es erst einmal nur darum, dass die Teilnehmer einen kurzen Überblick bekommen, wie der gesamte Ablauf sein wird. Schreiben Sie bei dem Punkt „Begrüßung" auch dazu, dass Sie sich dafür beispielsweise alle im Foyer treffen, denn diese Information können Sie später nicht nachholen. Für die Erstellung des Ablaufplanes mit detaillierten Informationen zu dem Thema des Workshops können Sie ein Word-Dokument nehmen, dass Sie dann allerdings für den E-Mail-Versand in eine PDF umwandeln sollten. Fordern Sie von dem Tagungshotel Prospekte an, die man auch per E-Mail versenden kann. Nun ist die E-Mail komplett und kann versendet werden und denken Sie bitte an die Lesebestätigung, damit Sie nachvollziehen können, ob die Teilnehmer die E-Mail erhalten haben, so sparen Sie sich unnötiges Nachfragen.

Da Sie die Namen der Teilnehmer sowieso

gerade vorliegen haben, ist es empfehlenswert, daraus gleich eine Teilnehmerliste über Word zu erstellen. Diese muss nicht aufwendig gestaltet werden, denn Sie benötigen im Prinzip nur 3 Spalten mit „Nachname, Vorname" sowie der „Firma" und eine Spalte für die „Unterschrift". Aus diplomatischen Gründen würde ich Ihnen empfehlen, die Namen alphabetisch aufzulisten, so stellen Sie alle Teilnehmer auf gleiche Augenhöhe und nicht danach, wer den höchsten Rang hat.

4. Themenbereich - Workshop-Modelle und Organisation eventuell erforderlichen Equipments
Auf die einzelnen Workshop-Modelle gehe ich im nachfolgenden Punkt noch detaillierter ein.

Erst einmal möchte ich Ihnen noch das erforderliche Equipment sowie auch die entsprechenden Anwendungsbereiche aufzeigen, welche Sie als Moderator auf jeden Fall haben sollten.

Natürlich gibt es für Moderatoren einen fertig bestückten Koffer, der eine komplette Grundausstattung beinhaltet, den Sie für den Workshop benötigen. Hierbei handelt es sich um eine einmalige Investition und die benutzten Inhalte können einzeln bei Bedarf erneuert werden. Der Koffer selbst sollte aus robustem Material, beispielsweise aus Aluminium, bestehen und zusätzlich 2 Rollen und einen verstellbaren Tragegriff haben, wodurch der Transport für Sie leichter wird. Der Innenbereich sollte aus einem schlagfesten Kunststoff bestehen, da der Verschleiß der eingebauten Fächer im Laufe der Zeit zunimmt. Es gibt aber auch die Möglichkeit, eine Moderatorentasche zum Umhängen zu verwenden. Hier sollten Sie selbst entscheiden, was am besten zu Ihnen und Ihren Gewohnheiten passt.

Nun zu den Inhalten – nachfolgend werde ich Ihnen erläutern, welches Equipment Sie in welcher Art verwenden können:

„Moderationswand" – das Standardmaß einer Moderationstafel liegt bei einer Breite von 1,20 m und einer Höhe von 1,50 m. Es gibt hierbei unterschiedliche Oberflächen, die von Karton bzw. Papier über Filz bis hin zu einer Korkoberfläche reichen. Um die Moderationswand so vielfältig wie möglich zu verwenden, wäre in Ihrem Fall eine Korkwand zu empfehlen. Die robuste Oberfläche ist für alle Präsentationsarten geeignet. Dies reicht von der Verwendung von Pinnnadeln über das Anbringen von ganzen Flipchart-Seiten bis hin zum Verwenden von

Klebestreifen. Ein ebenfalls wichtiger Aspekt ist, dass ein Korkhintergrund sich selbst „repariert" insbesondere bei der Verwendung von Pinnnadeln. Jetzt können Sie sich eine Moderationswand kaufen, wobei da eine mobile Wand mit Rollen empfehlenswert ist. Da es auch klappbare Moderationswände gibt, die sich in der Mitte zusammenklappen lassen, kommen Sie dann auf eine Größe von 1,20 m x 0,75 m und können so die Wand mit dem Auto transportieren. Entscheiden Sie sich für eine Moderationswand mit Standbeinen, so sollten diese für Transportzwecke klappbar oder abnehmbar sein.

Sollte Ihnen aber der Transport zum Veranstaltungsort etwas zu umständlich und zu aufwendig sein – die bessere Option ist, wenn Sie mit dem Veranstaltungsmanager sprechen, ob Ihnen ein solches Arbeitsmittel zur Verfügung gestellt werden kann.

Nun möchte ich einige Details zu dem Inhalt eines Moderatorenkoffers erläutern:

<u>„Wolken und lange, schmale Streifen"</u> – die Verwendung der Wolken ist ausschließlich für die Hauptüberschriften, beziehungsweise Hauptaufgaben, gedacht. Die schmalen Streifen haben den gleichen Zweck, können aber auch beispielsweise für

Arbeitsfragen verwendet werden.

„Eckige Karten" – hierbei handelt es sich eigentlich um die Standartkarten für den Moderator, da sie für erarbeitete Inhalte verwendet werden.

„Ovale Karten" – die Kommentare und Ergänzungen der Teilnehmer werden auf diesen Karten dokumentiert.

„Große Kreise" – diese werden verwendet, um einzelne Karten zu einem Thema zusammenzufassen. So werden beispielsweise Oberbegriffe erstellt und auf dem großen Kreis notiert.

„Kleine Kreise" – auch liebevoll „Kuller" genannt, werden verwendet, wenn ein Name oder eine Nummerierung hinzugefügt werden soll.

„Klebepunkte" – diese sind in verschiedenen Farben vorhanden und sollen für eine Bewertung benutzt werden oder man kann damit auch Prioritäten deutlicher darstellen. Hier ist immer die Kommunikation mit den Teilnehmern wichtig, damit sie wissen, wofür welche Farbe oder Anzahl der Klebepunkte steht.

„Blitze" – durch die Blitze werden die Unstimmigkeiten oder auch Uneinigkeiten zu den einzelnen, inhaltlichen Punkten dargestellt. Gibt es dazu eine Gegenargumentation, werden diese beispiels-weise auf den oben genannten „ovalen Karten" dar-gestellt.

Pinnnadeln und Nadelkissen – die Anwendung ist für das Anbringen der einzelnen Karten auf der Pinnwand gedacht.

„Moderationsmarker" – das Beschriften der oben genannten Karten erfolgt mit diesen speziellen Markern, denn sie haben eine schräge Spitze. Da diese Stifte nicht wie herkömmliche Schreibutensi-lien funktionieren, sollten Sie vorher ein bisschen üben, aber die Verwendung ist sehr zu empfehlen, denn dadurch bekommen Sie ein sauberes Schrift-bild.

„Schere und Klebeband" – wollen Sie bestimmte Kartenformate ändern oder einige Karten mit Klebe-band befestigen, dürfen auch dafür die erforderli-chen Utensilien nicht fehlen.

„Teleskop-Zeigestab und Laserpointer" – ein Te-leskop-Zeigestab ist natürlich ein wichtiger Be-standteil bei der Arbeit als Moderator. Da Sie mit verschiedenen Arbeitsmitteln wie dem Flipchart und der Pinnwand arbeiten, ist es leichter, auf be-stimmte Merkmale oder Karten zu zeigen.

Verwenden Sie Ihre Hand dafür, verdecken Sie mit Ihrem Körper die anderen angehefteten Karten, die somit nicht mehr lesbar sind.

Der Laserpointer ist dafür natürlich auch geeignet, hier gilt es aber etwas zu beachten. In Deutschland dürfen Laserpointer frei im Raum nur genutzt werden, wenn sie maximal der „Laserklasse 2 M" entsprechen. Dies bedeutet allerdings nicht, dass dadurch die Pointer ungefährlich sind, dies sollten Sie bei der Nutzung beachten. Im Zweifelsfall lesen Sie vorher die Gebrauchsanweisung und prüfen, ob der Laserpointer außen mit der erforderlichen Laserklasse gekennzeichnet ist.

Welche der beiden Zeigegeräte Sie verwenden möchten, ist Ihnen überlassen. Empfehlenswert ist es auf jeden Fall, beide Geräte im Koffer zu haben.

„Klebestifte und Tesa-Krepp" – die Klebestifte werden verwendet, wenn nach der Fertigstellung der Karten diese auf dem Flipchart befestigt werden sollen. Das Tesa-Krepp kann benutzt werden, wenn eine fertige Seite von dem Flipchart abgenommen und an der Moderationswand dargestellt wird.

Natürlich ist es besonders wichtig, die oben genannten Karten gut lesbar zu beschriften. Eine

Darstellung, die schlecht oder gar nicht lesbar ist, hat zur Folge, dass die Aufmerksamkeit und Konzentration bei den Teilnehmern sehr schnell nachlassen kann. Dies sollten Sie immer bedenken.

Nachfolgend möchte ich Ihnen zu den vorgenannten Arbeitsmitteln noch einige Tipps zu den Regeln beim Schreiben geben:

Empfehlungen

Verwenden Sie für das Beschriften der Karten ein dickes Schriftbild, welches durch die Moderationsstifte erzielt wird. Um dies zu erreichen gilt – bei Rechtshändern zeigt die Spitze des Stiftes nach links und bei Linkshändern nach rechts. Setzt man den Stift so breitflächig wie möglich auf das Papier, erzielen Sie ein dickes Schriftbild. Dadurch ist eine gute Lesbarkeit für alle Beteiligten gewährleistet.

Schreiben Sie in Druckbuchstaben, denn man muss davon ausgehen, dass nicht jeder die Handschrift des Moderators lesen kann. Verwenden Sie hierbei große und kleine Buchstaben, dies erhöht eine gute Lesbarkeit.

Ein inhaltlicher Punkt steht für ein Argument,

also verwenden Sie für die Niederschrift auch nur eine Karte.

Es dürfen nicht mehr als drei Zeilen auf einer Karte stehen. Nutzen Sie die volle Höhe der Karte aus und fangen links oben in der Ecke an, damit kein Platz verschenkt wird.

Sind Sie sich nicht sicher, ob die Karten für alle Beteiligten gut lesbar sind, so stellen Sie sich zu dem Teilnehmer, der am weitesten von dem Flipchart entfernt sitzt und überprüfen dies. So können Sie gegebenenfalls noch eine Korrektur vornehmen.

5. Themenbereich - Ausarbeitung Ihrer Vorgehensweise – Strukturierte Planung

Das Erstellen einer stichpunktartigen Aufstellung ist von Vorteil, damit Sie die einzelnen durchzuführenden Schritte Punkt für Punkt abarbeiten können.

Empfehlung

Folgende Stichwörter sollten Sie sich notieren:

- der zeitlicher Ablaufplan
- das Ziel erarbeiten
- die Planung der Einführungsphase
- den Handlungsaufbau
- die Moderatorentechnik
- das Ergebnis
- die Dokumentation

Die einzeln definierten Details werde ich Ihnen unter dem Punkt „Vorbereitung Ihrer Vorgehensweise als Moderator" genauer erläutern.

VERSCHIEDENE WORKSHOP-MODELLE

Für den Workshop ist besonders wichtig, dass Sie Ihr Ziel im Auge behalten. Besonders für die Gruppendynamik ist es von Vorteil, wenn dafür spielerische Methoden eingebaut werden. Der Workshop soll zwar praxisorientiert sein, aber es sollte auch durch den Abwechslungsreichtum und die Unterhaltsamkeit die Gruppendynamik erhöht werden.

Dazu habe ich Ihnen nachfolgend einige Modelle zusammengestellt:

Abfrage nach der Erwartung

Nach der Vorstellungsrunde sollte man dann auch gleich direkt die Frage stellen, was in dem Workshop passieren sollte, damit alle Teilnehmer zum Schluss sagen, dass sie mit den Ergebnissen zufrieden sind. Sie können aber auch direkt die Frage stellen, welche Probleme heute auf jeden Fall gelöst werden sollen. Hat man dies nämlich gleich zu Beginn definiert und können Sie diese Fragen alle abhaken, so werden am Ende des Workshops letztendlich auch die Teilnehmer mit einem zufriedenen Gefühl aus dem Raum gehen.

Frage-Antwort-Runde

Eigentlich klingt das jetzt ziemlich anspruchslos, da gebe ich Ihnen vollkommen Recht, aber auch diese Methode hat einen bestimmten Zweck. Sie können so einen guten Eindruck bekommen, welchen allgemeinen Wissensstand die Teilnehmer in Bezug auf das Workshop-Thema haben. Aber es gibt noch einen zweiten Aspekt, denn durch die lockere Vorgehensweise werden die Teilnehmer animiert, sich intensiver an den Gesprächen zu beteiligen.

Jetzt werde ich Ihnen noch einige sehr bekannte und beliebte Modelle vorstellen, durch die Schwung in Ihren Workshop kommt:

„De Bone Denkhüte oder auch Die 6 Hüte genannt"
Diese Methode wurde von dem britischen Psychologen Edward de Bone erstellt, damit die Probleme des Workshops zügig und effektiv gelöst werden können. Dies ist möglich, wenn man das Problem aus unterschiedlichen Perspektiven betrachtet, dies bedeutet, dass jeder Hut mit einer jeweils anderen Farbe für eine bestimmte Sichtweise steht. So wird jedem Teilnehmer eine bestimmte Rolle zugeordnet, die er vertreten soll.

Nr. 1 – Der weiße Hut
Wer den weißen Hut aufsetzt, ist für die analytische Denkweise ohne Vorurteile zuständig. Er schaut sich alle Fakten an, notiert alle erforderlichen Informationen dazu und bekommt so eine gute Gesamtübersicht, dabei muss er allerdings sachlich und auch frei von Vorurteilen vorgehen.

Nr. 2 – Der rote Hut

Bei dem roten Hut dreht sich alles um das emotionale Denken und Fühlen. Er ist also genau das Gegenstück der Nr. 1, dem weißen Hut. So darf der Träger seine Entscheidungen über das „Bauchgefühl" treffen, denn hier geht es weniger um die detaillierten Fakten, sondern um sein Gefühl für die Entscheidungsfindung.

Nr. 3 – Der schwarze Hut

Der schwarze Hut steht für einen kritischen Gedankengang, der sich auf die Schwächen und potenziellen Risiken konzentriert. Er hinterfragt alles und ist sehr skeptisch, beispielsweise wo die Gefahren und Risiken liegen und erhebt seinen Einwand bei der Suche nach begründeten Aspekten, die gegen das Projekt sprechen.

Nr. 4 – Der gelbe Hut

Der Besitzer des gelben Hutes ist der absolute Optimist, er ist das Gegenstück von der „Nr. 3, dem schwarzen Hut". Bei seiner Aufgabe handelt es sich darum, dass er nach allen positiven Vorteilen, Chancen und Möglichkeiten sucht, die das Projekt erfolgversprechend machen.

Nr. 5 – Der grüne Hut

Der Träger des grünen Hutes ist die pure Kreativität, seine Aufgabe ist es, die Ideen der Gruppe zu kombinieren und völlig neue Ideen daraus zu entwickeln. Diese dürfen dann auch ein bisschen provokativ und verrückt sein. Durch seine ausgefallene Kreativität werden die Gruppen zu neuen Ideen und Sichtweisen finden.

Nr. 6 – Der blaue Hut

Nun fehlt eigentlich nur noch jemand, der das ganze kreative Chaos moderiert. Er ist dafür zuständig, den Überblick zu behalten und die aus allen Richtungen kommenden Gedanken und Ideen mit möglichst absoluter Objektivität zu sortieren und zu dokumentieren.

Sie können für diese sechs verschiedenen Rollen statt der Hüte auch ein paar breite Armbänder in den oben genannten Farben einsetzen, hier können Sie Ihrer eigenen Kreativität freien Lauf lassen. Haben Sie beispielsweise mehr als 6 Teilnehmer, so können Sie die Hüte auch verdoppeln, sodass Sie pro Farbe zwei Teilnehmer einbinden können. Dieses Rollenspiel sollte sich auf eine Frage beziehen und kann beliebig wiederholt werden, indem die Hutfarben unter den Teilnehmern getauscht werden. Hiervon ausgenommen ist der Träger des blauen Hutes, weil er den Überblick behalten muss, unabhängig in welcher Variante das Szenario gerade durchgespielt wird. Durch diese Technik wird eine neue Sichtweise erzwungen, die dann jeder Hutträger auch vertreten muss. Diese Methode hat auch noch den Effekt, dass einzelne Teilnehmer die Angst davor verlieren, ihre Meinung zu sagen, denn sie spielen ja nur eine „Rolle".

„World Café"

Bei diesem Modell werden alle Teilnehmer in Gruppen von bis zu 5 Personen aufgesplittet. Sie als Moderator begrüßen dann die Teilnehmer in ihrem „Café" und bauen dadurch ein entspanntes und spielerisches Klima auf. Diese Form des Workshops ist bei genauerer Betrachtung ein informativer Austausch und hat dadurch Ähnlichkeit mit einer Kaffeepause. Je 5 Teilnehmer setzen sich an einen Tisch, auf dem bereits diverse Gegenstände liegen. Da wir in einem Café sind, bietet es sich an, eine Menükarte mit den klaren Vorgaben zu erstellen, damit die Teilnehmer wissen, welche Frage sie klären sollen und wie sie vorzugehen haben. Die Tischdecke steht für einen Notizblock, damit alle Gedanken und Vor-schläge festgehalten werden können. Das Besteck sind dann die Schreibutensilien wie beispielsweise die Marker, Stifte, Büroklammern und Lineal. Sie können alternativ auch an jeden Tisch ein Flipchart stellen, was den gleichen Zweck erfüllt. Jeder Tisch hat dafür 20-25 Minuten Zeit, danach wechseln alle Teilnehmer zu den anderen Tischen. Nur einer bleibt immer an dem jeweiligen Tisch sitzen, er übernimmt jetzt die Funktion eines Gruppenleiters. Seine Auf-gabe ist es, die nächste Gruppe über die bisher ent-standenen Ideen zu informieren und darauf zu ach-ten, dass diese Punkte nun weiterentwickelt wer-den. Nach 2-3 Tischrunden endet das „World Café" und die Gruppenleiter von allen Tischen präsentie-ren die verschiedenen Gedankenspiele.

Diese Methode ist ideal, um sie in einem bereit-gestellten Café, bei schönem Wetter sogar draußen, zu organisieren.

„Open Space"
Diese Methode ist hauptsächlich für Workshops mit 50 bis 2.000 Teilnehmern geeignet. Dadurch, dass der Inhalt offen gestaltet wird, haben die Teilnehmer sehr viel Ideenspielraum. Vorgegeben wird lediglich

ein grobes Thema und die Mitwirkenden sollen dazu Ideen und Lösungsvorschläge erstellen. Es gibt dafür keinen starren Zeitplan und auch keine festgelegte Tagesordnung. Die Teilnehmer finden sich in Gruppen zusammen und arbeiten gemeinsam an einem Thema. Auch ist das Wechseln in eine andere Gruppe jederzeit möglich, allerdings darf man dabei nicht vergessen, die bereits erarbeiteten Ideen festzuhalten. Daher muss eine Person immer alle Vorschläge und Anregungen aus der Gruppe dokumentieren. Die zusammengestellten Ideen und Vorschläge werden dann später in einem Plenum präsentiert. Der Vorteil bei diesem Modell ist, dass eine große Anzahl an unterschiedlichen Ideen zusammengetragen wird.

„Fishbowl"

Dies ist eine völlig andere, aber auch interessante Möglichkeit, um die Diskussionen aller Teilnehmer auf ein hohes Niveau zu bringen. Besonders bei starken Differenzen des Standpunktes und unterschiedlichen Perspektiven bringt man so mehr Ruhe in die Diskussionsrunde. Dafür ist es erforderlich, dass die Bestuhlung umgestellt wird und zwei Kreise aufgestellt werden. In die Mitte kommt ein Tisch mit 3-5

Stühlen – der sogenannte Innenring, die anderen Tische bilden den Außenring. In den inneren Kreis wird noch ein zusätzlicher Stuhl gestellt, der vorerst leer bleibt. Es werden 3-5 Teilnehmer ausgewählt, die eine Kerngruppe bilden und diese setzen sich in den Innenkreis.

Alle anderen vom Team nehmen im Außenring Platz und übernehmen die Rolle der Zuhörer bei der Diskussion im Innenkreis und machen sich dazu entsprechende Notizen. Will ein Zuhörer zu einem der genannten Argumente etwas ergänzen oder kommentieren, so zeigt er dies durch ein Handzeichen an und setzt sich auf den freien Stuhl im Innenkreis. Nun beteiligt er sich solange an der Diskussion, bis er fertig ist, und verlässt dann wieder den Innenkreis. Auch die im Innenkreis sitzenden Teilnehmer können von einem anderen Teilnehmer im Außenring abgelöst werden.

Dieser Wechsel sollte auch kontrolliert durchgeführt werden, da es dadurch zu neuen Ideen und Sichtweisen von außen kommt. Der Vorteil dieser Methode ist, dass die Anzahl der Diskutierenden gering und dadurch überschaubar bleibt und trotzdem für jedes Teammitglied zugänglich ist. Am Ende werden dann die Ergebnisse zusammengefasst und für alle nochmals präsentiert.

„Lego Serious Play"

Es darf gespielt werden – so könnte man diese Methode durchaus bezeichnen, aber natürlich hat auch diese Variante einen ernsten und tieferen Sinn. Erst einmal wird das allen Mitspielern Spaß machen, denn dafür braucht man kein künstlerisches Talent und jeder hat die Möglichkeit, etwas zu dem gemeinsamen Ergebnis beizutragen. Ziel dieser Variante ist es, durch ein vereinfachtes 3D-Modell für die gestellte Frage eine optimale Lösung zu finden. Zu Beginn wird die Fragestellung definiert und eventuelle Unklarheiten beseitigt. Dann beginnt jeder Teilnehmer, mit den auf das Thema abgestimmten Lego-Bausteinen, sein ganz persönliches 3D-Modell zu bauen. Nachdem alle Workshop-Teilnehmer fertig sind, wird bei jedem einzelnen Modell die Idee dahinter erklärt. Diese Ideen werden dann in der Gruppe diskutiert und eventuell weiterentwickeln. Aufgabe des Moderators ist es dann, die Diskussion in die richtige Richtung zu bringen und die Gruppe zur finalen Lösung der Frage zu führen.

„Methode 6-3-5"

Was bedeutet 6-3-5? Diese Zahlenkombination steht für 6 Beteiligte, 3 Ideen und 5 Mal weitergereicht. So wäre es möglich in ca. 30 Minuten maximal 108 Ideen zu erarbeiten.

Bei der Verwendung dieser Methode ist die Bereitschaft von 6 Teilnehmer die Grundvoraussetzung, aber diese können Sie natürlich auch verdoppeln. Bereiten Sie hierfür ein großes Blatt Papier vor, dazu eignet sich beispielsweise ein Blatt der vorhandenen Flipchart. Dieses Blatt teilt man auf in drei Spalten und sechs Zeilen, sodass man schlussendlich 18 Kästchen zur Verfügung hat. Der erste Teilnehmer bekommt eine klar definierte Fragestellung und schreibt drei Ideen dazu in jeweils eine Spalte. Dafür wird eine angemessene Zeit von beispielsweise 3-5 Minuten vorgegeben. Danach reicht der erste Teilnehmer das Blatt weiter zum zweiten Teilnehmer, der dann wiederum die Ideen vom Vorgänger aufgreift und entweder ergänzt oder im besten Fall sogar weiterentwickelt. Das so beschriebene Blatt wird dann solange weitergereicht, bis alle 6 Teilnehmer ihre Kommentare dazu niedergeschrieben haben.

Der Vorteil dieser Methode ist, dass Sie ein

direktes Feedback und viele Sichtweisen und Aspekte in kürzester Zeit erhalten. Gleichzeitig entsteht ein Protokoll, was später für alle Teilnehmer dokumentiert und dargestellt werden kann. Weiterhin wird dadurch jeder einzelne Teilnehmer direkt in den Prozess eingebunden. Allerdings gibt es auch Nachteile, die man dabei berücksichtigen sollte. Es ist fast nicht möglich, bei Fragen oder Unklarheiten nachzufragen. Durch diesen eintönigen und schweigsamen Ablauf ist keine kreative Diskussion mehr möglich und die nicht eingebundenen Teilnehmer langweilen sich. Es wird empfohlen, diese Methode nur bei kleineren Gruppen und mittleren Teilergebnissen anzuwenden.

Der Sinn in allen vorgenannten Methoden für einen Workshop liegt darin, dass man einfach leichter lernen kann, wenn man Spaß an der Thematik oder dem Lernprozess hat, da jeder Teilnehmer aktiv in das Thema mit eingebunden wird und durch das Übernehmen von ungewöhnlichen Rollen im besten Fall ein qualitativ hochwertiges Ergebnis erzielt wird.

VORBEREITUNG IHRER VORGEHENSWEISE ALS MODERATOR

Kommen wir nun zu dem grundsätzlichen Ablauf für einen erfolgreichen Workshop. Für die Moderation gibt es keine festen Richtlinien nach Schema „F", da Sie immer auf eine entsprechende Situation reagieren und dadurch die Thematik in eine völlig neue Richtung steuern müssen. Es gibt aber prinzipielle Strukturen, die man beachten sollte und diese möchte ich Ihnen gerne nachfolgend aufzeigen. Doch beginnen werde ich erst einmal mit der Definition, was ein Moderator ist:

Bedeutung der Moderation

Die Moderation eines Workshops ist das Arbeiten mit einer festgelegten Fragestellung, welche ergebnisorientiert in der Gruppe zu erarbeiten ist. Es bedeutet aber auch, den Prozess der Meinungsbildung in einem Arbeitskreis zu ermöglichen und zu erleichtern, ohne inhaltlich einzugreifen. Man nimmt also eine Sonderrolle ein. Die Aufgabe des Moderators ist es, die Arbeit durch zielgerichtete Fragen zu strukturieren. Die Ergebnisse oder auch

Teilergebnisse werden durch den Moderator fortlaufend dokumentiert. Das Moderieren ist aber nicht nur eine strukturierte und methodische Vorgehensweise in dem Workshop, sondern hier spielt auch das Durchsetzungsvermögen eine wichtige Rolle. Dazu habe ich Ihnen in dem nachfolgenden Block einige Eigenschaften zusammengestellt:

Empfehlung

Allroundtalent - die organisatorische Vorbereitung und Führung durch den Ablauf des Workshops

Neutralität - keine Partei für eine bestimmte Person ergreifen, keine Bewertung der Diskussionen

Autorität - Workshop leiten, sich Gehör verschaffen, Teilnehmer in Schranken verweisen

Einfühlungsvermögen - in Anwesende hineindenken, zwischen den Zeilen hören, Schüchterne animieren

Konzentration - volle Aufmerksamkeit auf das Geschehen im Raum

Zeitlicher Ablaufplan

Erstellen Sie den Zeitplan inklusive Pausenzeiten so, dass er für alle einsehbar ist. So haben Sie und auch die Teilnehmer jederzeit die Möglichkeit, nach diesem Zeitplan zu arbeiten. Eine gute Struktur ist die Aufteilung in 4 Phasen, 2 Phasen vormittags und 2 Phasen nachmittags. Dabei sollte jede einzelne Phase ca. 1,5 Stunden gehen, dadurch kommen Sie letztendlich inklusive der Pausen auf einen 8-Stunden-Tag.

Das Ziel erarbeiten

Definieren und erklären Sie genau das Ziel, welches Sie erreichen wollen bzw. welches Ihnen von dem Auftraggeber vorgegeben wurde. Verwenden Sie dabei eine Stichwort-Variante, denn so behalten Sie einen besseren Überblick. Dies ist nicht mehr gegeben, wenn man in langer Textform arbeitet. Man sollte besonders auf die Formulierung achten, denn ein Moderator kann nicht als Ziel „Spezifizierung eines Prozesses", sondern nur „Sammlung von Vorschlägen zur Spezifizierung eines Prozesses" angeben. Weiterhin sollte man auch berücksichtigen, dass es sich hierbei immer um realistische Ziele handeln sollte, denn sind die Ziele zu hochgesteckt, ist die Enttäuschung am Ende des Workshops groß und das nicht nur für den Moderator, sondern auch für die Teilnehmer.

Planung der Einführungsphase

Nehmen Sie sich für die Einführungsphase ausreichend Zeit, denn die „Zack-Zack"-Methode ist nachteilig für den Aufbau einer lockeren Gesprächsatmosphäre. Hier erfolgt die gegenseitige Vorstellung zuerst natürlich durch die moderierende Person und danach stellen sich die Teilnehmer vor. Hierzu möchte ich Ihnen ein Beispiel aufzeigen, wie Sie bereits in dieser Phase durch eine gezielte Methode zu einem entspannten Arbeitsklima kommen:

Paarinterview als Vorstellungsrunde

In der Regel sind zu Beginn des Workshops die Teilnehmer eher zurückhaltend. Daher sollten Sie gleich zu Beginn etwas Schwung in die Vorstellungsrunde bringen. Damit jeder von jedem weiß, wer er ist, beispielsweise von welcher Firma er kommt, wie lange er dort beschäftigt ist, welche Funktion er dort begleitet und was sein Aufgabengebiet ist, stellen sich immer jeweils zwei Teilnehmer vor der Gruppe gegenseitig vor, allerdings stehen sich beide Teilnehmer gegenüber und schauen sich an. Eine Person führt mit dem Gegenüber ein Interview und nach 3 Minuten werden die Rollen getauscht. Dabei ist zu beachten, dass die gestellten Fragen im Interview von Ihnen als Moderator vorgegeben werden, damit es keine Eskalation gibt, durch zu persönlich gestellte Fragen. Die Fragestellung sollte bei den beiden Personen unterschiedlich sein. So erhalten alle Teilnehmer einen kurzen Überblick von den einzelnen Personen. Durch diese spielerische Variante wird erreicht, dass die Teilnehmer sich besser kennenlernen.

Nachdem sich jede Person vorgestellt hat, beginnen Sie mit der Erläuterung des Themas bzw. der Problemstellung. Danach folgt Ihre Vorstellung vom Ablauf und der Benutzung von den vorbereiteten Hilfsmitteln. Nachfolgend noch eine zusätzliche Hilfestellung zu den Verhaltensweisen der teilnehmenden Personen:

Empfehlung für Verhaltensregeln

Vereinbaren Sie mit allen Teilnehmern die „Benimm-Regeln", denn Sie als Moderator müssen dann im weiteren Verlauf auch die Einhaltung dieser Regeln gewährleisten. In dieser Runde ist es völlig fehl am Platz, wenn jemand versuchen würde, seine Sichtweise und den dazugehörigen Standpunkt mit allen Mitteln durchfechten zu wollen. Alle Diskussionen müssen sachlich auf die Thematik bezogen werden. Direkte Anfeindungen anderen Teilnehmern gegenüber, weil sie beispielsweise diese Sichtweise kritisieren, ist definitiv nicht angebracht und sollte auch nicht geduldet werden. Solche Verhaltensweisen gefährden letztendlich das Ergebnis des Workshops.

Dafür gibt es 6 Spielregeln:

AUSREDEN LASSEN – das Fundament für eine gute Zusammenarbeit

AKTIVE MITARBEIT – die engagierte Mitarbeit aller Beteiligten, für eine bestmögliche Lösung

TOLERANZ – niemand wird persönlich angegriffen, es geht um zufriedenstellende Lösungen

AKZEPTANZ – Kritik wird sachlich und fair geäußert und bei berechtigtem Einwand akzeptieren

AUF AUGENHÖHE – alle sind gleichwertig, niemand wird unterdrückt und weniger beachtet

DER ZEITPLAN – mit Blick auf die Uhr alle zum roten Faden zurückführen

Ein weiteres Hilfsmittel für eine klare und eindeutige Kommunikation ist auch die „Handzeichen-Methode", beispielsweise wie nachfolgend beschrieben.

Empfehlung

-Die Hand heben (wie in der Schule) - ich möchte etwas sagen

-Beide Hände und Zeigefinger heben   - antworten auf etwas, was gerade von einem Teilnehmer gesagt wurde

-Stummer Applaus (ausgestreckte Hände) - nach oben wedeln - Daumen nach oben bei Zustimmung

-Stummer Applaus (ausgestreckte Hände) - nach unten wedeln - Daumen nach unten bei Ablehnung

Der Handlungsablauf

Nachdem die Vorstellung abgeschlossen ist, erstellen Sie nun Ihren Handlungsablauf. Sie gestalten den Ablauf und die Moderation in allen Einzelheiten, dies umfasst hauptsächlich die Einstiegsfrage und alle Folgefragen, denn so führen Sie die Arbeitsgruppe zum gewünschten Ergebnis. Berücksichtigen Sie hierbei auch, dass es von Vorteil ist, wenn Sie nach erzielten Teilergebnissen eine Zusammenfassung präsentieren, damit dieser Teil abgeschlossen werden kann. Achten Sie auf eine Systematik, jeder Schritt muss logisch auf den vorherigen Punkt aufbauen. Teilen Sie jeden Aufgabenbereich rational auf. Durch eine gute Transparenz wird jegliche Art von Manipulation ausgeschlossen.

Moderationstechniken

Sie haben verschiedene Möglichkeiten, welche Art von Techniken als Moderator Sie verwenden möchten. Hierzu habe ich nachfolgend einige Tipps für Sie zusammengestellt:

Verwendung von Karteikarten

Zu der von Ihnen gestellten Frage schreiben alle Teilnehmer in Stichworten ihre Ideen auf eine Karteikarte. Diese werden dann strukturiert an einer Pinnwand dargestellt.

Thesen

Mit dieser Methode können Sie die Stimmung in der Arbeitsgruppe abschätzen. Dabei geben Sie eine These vor und lassen die Teilnehmer einschätzen, was sie von dieser These halten. Hilfreich dabei ist eine Skalierung, beispielsweise ob es ihrer Meinung nach sehr gut, gut, schlecht oder sehr schlecht ist. Sie können dafür auch die spielerische Version von Smileys verwenden.

Abfrage durch Zuruf

In dieser Form antwortet die Gruppe direkt auf Zuruf schnell und ungeordnet. Sie als Moderator fassen dies zusammen und übertragen alles auf eine Karteikarte. Nach Fertigstellung werden diese Zurufe zur Strukturierung der Ideen an die Pinnwand geheftet.

Gewichtungsfrage

Hier wird ein bestimmtes Ziel verfolgt. Durch den Moderator wird eine eindeutige Frage gestellt. Die Teilnehmer sollen im Arbeitsablauf eigene Prioritäten und auch Entscheidungen treffen, beispielsweise über eine bestimmte Reihenfolge der Abarbeitung. Wenn Sie die Verwendung von Karteikarten durchgeführt haben, können Sie von diesen Ideen eine Gewichtungsfrage ableiten.

Listen für Aufgaben

Im Laufe der Gruppenarbeit werden immer mehr neue Aufgaben definiert. Diese sollten dann in Tabellenform zusammengefasst werden. Darin sollten auch die Verantwortlichkeit und der Termin, wenn beispielsweise nicht alle Aufgaben am Ende gelöst werden konnten, enthalten sein.

Die Wahl der vorgenannten Techniken ist natürlich immer abhängig von der Zielstellung des Workshops.

Das Ergebnis

Am Ende des Workshops ist es Ihre Aufgabe, alle Arbeitsergebnisse zusammenzufassen und eine komplette Präsentation der erreichten Ziele durchzuführen. Gibt es noch einige ungeklärte Fragen oder Probleme, sollten Sie für die Lösung eventuell einen weiteren Termin zur Fortführung vorschlagen.

Die Dokumentation

Um die Verständlichkeit und Einvernehmlichkeit zu gewährleisten, sollten die Ergebnisse in einem Protokoll zusammengeführt und den Gruppenmitgliedern zur Verfügung gestellt werden. Weiterhin sollten Sie auch eine Präsentation mit komprimierten Informationen erstellen, die Sie dann besonders für den Auftraggeber verwenden können. Eine in PowerPoint erstellte Zusammenfassung ist daher empfehlenswert, da sie diese in verschiedenen Formen einsetzen können, beispielsweise auch, wenn es zu einem weiteren Termin mit den Teilnehmern kommt, um an der Thematik weiterzuarbeiten.

Umsetzung der geplanten Abläufe

Eines müssen Sie bei allem, was Sie jetzt tun, bedenken: Bleiben Sie flexibel und spontan, denn auch, wenn Sie eine strukturierte und gut durchdachte Vorbereitung haben, müssen Sie immer damit rechnen, dass ein Problem auftritt, womit Sie nicht gerechnet haben und welches Sie kurzfristig lösen müssen. Vor Beginn des Workshops sollten Sie sich über den Teilnehmerkreis informieren, beispielsweise darüber, welche Erwartungen, Vorbehalte oder Erfahrungen diese mitbringen, so können Sie unangenehme Überraschungen vermeiden.

DER WORKSHOP-TAG IST DA

Es ist wichtig, dass Sie frühzeitig vor Ort sind. Durch die Anreise einen Tag vorher können Sie in aller Ruhe den Besprechungsraum und die Arbeitsmittel überprüfen, ob alles so, wie Sie es mit dem Veranstaltungsmanager abgesprochen haben, vorhanden ist. Dann haben Sie noch genügend Zeit Änderungswünsche einzubringen, damit am nächsten Tag alles perfekt ist. Denken Sie auch an den Nebenraum für das Catering zur Mittagspause, denn in den Pausen sollte sich die Gruppe nicht auch im Besprechungsraum aufhalten.

Sollten Sie Namensschilder angefertigt haben, so stellen Sie diese am nächsten Tag, vor der Begrüßung, auf die Tische. Überprüfen Sie, dass auf allen Tischen Getränke, wie beispielsweise Mineralwasser, Säfte und andere Getränke sowie auch eine ausreichende Anzahl an Gläsern stehen. Beziehen Sie dabei auch den Tisch des Moderators mit ein. Eines der wichtigsten Getränke ist u. a. der Kaffee und natürlich auch Tee. Dies sollte auf einem separaten Tisch an der Wand stehen, damit sich jeder

Teilnehmer selbst bedienen kann. Es ist ungeschickt, dies alles auch noch auf die Besprechungstische zu stellen, dann gibt es keinen Platz mehr zum Arbeiten. Bedenken Sie immer, wenn die Teilnehmer den Raum betreten – der erste Eindruck zählt.

DIE GUTE VORBEREITUNG ZAHLT SICH AUS

Begrüßung
Eine entspannte Anreise und genügend Zeit zur Akklimatisierung der Teilnehmer ist die Basis für ein produktives Zusammenspiel. In der Vorbereitungsphase haben Sie bereits den Ort der Begrüßung ausgewählt und die Teilnehmer in der Einladung darüber informiert. Natürlich sind Sie vor den Teilnehmern an dem verabredeten Ort, denn „Wer zu spät kommt, den bestraft das Leben" oder anders formuliert: Wie wollen Sie auf Augenhöhe akzeptiert werden, wenn Sie unpünktlich sind? Nehmen Sie auf jeden Fall zu der Begrüßung Ihre bereits erstellte Teilnehmerliste mit. Dies kann sehr hilfreich bei der Zuordnung der Teilnehmer sein, denn sie werden wahrscheinlich nicht einzeln erscheinen, sondern in Gruppen und dann könnten Sie schnell den

Überblick verlieren. Weiterhin können Sie diese Liste auch zusätzlich als Anwesenheitsliste verwenden, so können Sie schnell feststellen, wer nicht zur Begrüßung erschienen ist bzw. auf wen Sie noch warten müssen.

Ist der Großteil der Beteiligten bereits da, sollten Sie die fehlenden Teilnehmer telefonisch kontaktieren, damit Sie einschätzen können, ob und wann Sie mit allen Beteiligten in den Besprechungsraum gehen können. Begrüßen Sie jeden einzelnen Teilnehmer persönlich, ob mit einem Handschlag oder einer leicht angedeuteten Verbeugung liegt in Ihrem Ermessen. Eines ist dabei jedoch wichtig, begrüßen Sie jede einzelne Person mit der gleichen Methode, auch wenn Sie jemanden bereits kennen, kein Schulterklopfen oder ähnliches, denn so wird das aufzubauende Team gleich emotional gespalten. Die Konversation bei der Begrüßung wird eher allgemein gehalten, beispielsweise ob er eine angenehme Anreise hatte oder ähnliches.

Ist das Workshop-Team vollzählig, gehen Sie zusammen in den Besprechungsraum.

MODERATION DURCH DEN WORKSHOP

Eröffnung

Alle Teilnehmer haben Platz genommen und schauen Sie erwartungsvoll an. Beginnen Sie damit, sich selbst auf eine lockere, aber nicht übertriebene, Art vorzustellen. Erzählen Sie auch kurz etwas über Ihren beruflichen Werdegang, so können die Teilnehmer Sie besser einschätzen. Denken Sie auch daran, wie Sie sich vorstellen, denn dies werden dann auch die Teilnehmer so tun, da Ihr Auftreten als Vorgabe oder auch als bequemster Weg gesehen wird. Unter dem vorherigen Punkt „Vorbereitung Ihrer Vorgangsweise als Moderator" habe ich Ihnen bereits das Paarinterview für alle Teilnehmer vorgestellt. Sollten Sie sich dafür entschieden haben, erklären Sie den Teilnehmern, was der Sinn und Zweck des Paarinterviews sein soll und beginnen mit der Vorstellungsrunde.

Ist das gegenseitige Kennenlernen beendet, sollten Sie in Bezug auf das Thema und das Ziel des Workshops eingehen und definieren, denn nur wenn alle Beteiligten den gleichen Wissensstand und das gleiche Ziel vor Augen haben, ist ein konzentriertes und effektives Arbeiten gegeben. Verwenden Sie dafür ein Flipchart und formulieren alle Ziele darauf, damit sie jederzeit für alle sichtbar sind. Schließen Sie dieses Thema mit der Vorstellung Ihres Zeitplanes ab und bringen ihn im Besprechungsraum so an, dass alle Teilnehmer den Zeitplan mit im Auge behalten können.

Die wichtigste Frage zu Beginn – die Erwartungshaltung

Nachdem das Thema und die Ziele geklärt wurden, sollte man auch gleich direkt die Frage stellen, was in dem Workshop passieren sollte, damit alle Teilnehmer zum Schluss sagen können, dass sie mit den Ergebnissen zufrieden sind. Sie können es aber auch anders formulieren, indem Sie fragen, welche Probleme heute auf jeden Fall gelöst werden sollen. Hat man nämlich gleich zu Beginn dies definiert und können Sie diese Punkte im Verlauf alle abgehakt werden, können am Ende des Workshops letztendlich auch die Teilnehmer mit einem zufriedenen Gefühl aus dem Raum gehen. Diese Vorgehensweise ist sehr wichtig, damit der Workshop letztendlich für jeden Beteiligten zufriedenstellend ist und Frust oder Unzufriedenheit gar nicht erst aufkommen kann.

Sie können daraus auch eine „Frage-Antwort-Runde" machen. Eigentlich klingt das ziemlich anspruchslos, aber diese Methode hat einen bestimmten Zweck: Sie können so einen guten Eindruck bekommen, welchen allgemeinen Wissensstand die Teilnehmer in Bezug auf das Workshop-Thema haben. Aber es gibt auch noch einen anderen Grund für diese Methode. Sie können durch die lockere Vorgehensweise die Teilnehmer animieren, sich rege an den Gesprächen zu beteiligen.

Einstieg in die Arbeitsphase
Nun kommen wir zum eigentlichen Kernstück der Moderation, denn Ihr Ziel ist es, den konstruktiven Austausch zwischen allen Beteiligten anzuregen und zu unterstützen.

Unter dem Punkt „Verschiedene Workshop-Modelle" habe ich Ihnen eine Vielzahl von Möglichkeiten aufgezeigt, die nun zur Anwendung kommen sollten. Sie haben die Wahl, ob verschiedene Modelle von Ihnen angewendet werden oder nur eines, denn es sind auch einige Methoden dabei, die ruhig mehrfach wiederholt werden können. Vor Beginn des Einsatzes einer Methode erklären Sie präzise den Ablauf und welches Ziel damit erreicht werden soll.

Erst wenn alle Fragen dazu geklärt sind, können Sie beginnen. Wichtig dabei ist auch, dass durch die detaillierte Erklärung jeder Teilnehmer selbstbestimmt entscheiden kann, ob er sich daran beteiligen möchte. Dadurch ist im Umkehrschluss wiederum eine höhere Qualität der Teilnahme möglich.

Fassen Sie Teilergebnisse zusammen und präsentieren Sie diese den Beteiligten, damit einstimmig zum nächsten Punkt gewechselt werden kann. Hierbei besteht der Vorteil auch darin, dass man diesen speziellen Punkt als erledigt betrachten kann, und es sorgt gleichzeitig für ein kleines Erfolgserlebnis, was sich wiederum auf die Motivation der Teilnehmer auswirkt.

Das Zeitlimit für einzelne Phasen einzuhalten ist schwer, da die Diskussionen auch schnell abschweifen können. Hilft der Blick auf die Uhr nicht, sollten Sie die Diskussionsbeiträge begrenzen. Dafür können Sie eine Sanduhr, einen Wecker oder auch einen digitalen Kurzzeitwecker auf Ihrem Smartphone verwenden. Die Akustik der digitalen Version ist laut und wird von jedem Teilnehmer wahrgenommen. So behalten Sie immer die Kontrolle über die zeitlichen Vorgaben. Auch wenn die Teilnehmer den Zeitplan kennen, verlieren sie bei angeregten Diskussionen das Zeitgefühl und dann ist es Ihre Aufgabe, sich bemerkbar zu machen und die Beteiligten zu bremsen. Wird der geplante Zeitrahmen überschritten, wird auch das Ende des Workshops eher unbefriedigend sein, weil nicht alle Ziele erreicht werden konnten.

Das Wichtigste zum Schluss

Nachdem die Kreativphase beendet ist, selektieren Sie die realistischsten und optimalen Ideen und fassen diese alle zusammen. Auch die Teilnehmer können sich daran beteiligen und ihre einzelnen Ergebnisse noch einmal allen vorstellen. Die entsprechende Zusammenfassung der Ergebnisse ist allerdings Ihre Aufgabe als Moderator.

Nachfolgend möchte ich Ihnen dazu einige Varianten der Präsentationsarten näher erläutern:

Das Protokoll an Hand von Fotos

Haben Sie das Flipchart und die Pinnwand verwendet, können Sie nun alle dokumentierten Teilergebnisse mit einem Smartphone oder einem Tablet der Reihe nach sortiert abfotografieren. Dafür gibt es spezielle Apps, beispielsweise „Office Lens" oder „Scanner Pro", die den Vorteil haben, dass Sie die Fotos automatisch sauber beschnitten bekommen und auch der Winkel korrigiert wird. Diese Variante hat den Vorteil, dass Sie die von Ihnen erstellte Dokumentation den Teilnehmern schnell aufzeigen können, sodass sie dies auch selbst nachlesen können.

Die **Vorteile** dieses Foto-Protokolls sind:

- bei einem Foto-Protokoll gibt es keinen Zweifel, dass die dokumentierten Ziele wirklich so definiert wurden

- die Beteiligten können sich an den Diskussionsverlauf erinnern und die Argumentation besser nachvollziehen

- durch geringen Aufwand und keine Kosten erhalten alle Teilnehmer das Fotoprotokoll als inklusive Leistung

- es lässt sich schnell erstellen und kann den Teilnehmern spätestens am nächsten Tag zugeschickt werden

- darf es ein bisschen mehr sein? – Fangen Sie tolle Stimmungsbilder während des Workshops ein, und fügen diese als separate Datei dem Foto-Protokoll hinzu.

Die **Nachteile** dieser Methode sind:
- Nichtteilnehmer dieses Workshops werden diese Dokumentationsart nicht verstehen, dies erschwert die Erklärung bei der Weitergabe an andere Personen
- es ist schwierig, nach einer gewissen Zeit die unterschiedlichen Handschriften der Teilnehmer zu lesen

Verwendung eines Flipcharts
Erstellen Sie die Zusammenfassung der Ergebnisse auf einem Flipchart. Verwenden Sie dafür ca. 2-3 Seiten und hängen diese anschließend in der passenden Reihenfolge für jeden sichtbar auf. Auch hier sollten Sie mit dem Smartphone entsprechende Fotos machen, da diese noch später bei der endgültigen Dokumentation für die Teilnehmer ein wesentlicher Bestandteil sein werden.

Die **Vorteile** sind:

- es wird sich auf das Wesentliche konzentriert, wodurch alle Fakten sehr übersichtlich dargestellt sind
- die Ergebnisse bleiben sichtbar, wenn beispielsweise der Auftraggeber diese in seinem Büro aufhängen will

Die **Nachteile** sind:

- diese Methode ist nicht geeignet, wenn es sich um ein großes Volumen von Ergebnissen handelt
- die einzelnen Teilergebnisse und der Diskussionsverlauf sind für außenstehende Personen nicht erkennbar, da dieser nicht mit aufgeführt ist

Die standardmäßige Präsentation

Diese Art eines Protokolls ist auch gleich die aufwendigste Variante, aber sie bietet auch viele Vorteile für die detaillierte Darstellungsweise des Workshop-Ablaufes und ist auch später für jeden Teilnehmer und auch Außenstehende nachvollziehbar. Bei dieser Methode geht es auch unter anderem darum, dass Sie in einer Präsentation alles zusammenhängender und anschaulicher darstellen können. Die Teilergebnisse und Endergebnisse können gut dargestellt werden, aber bei der Umformulierung bestimmter Wörter oder ganzer Texte sollten Sie auf jeden Fall Rücksprache mit den Teilnehmern halten, um eine Fehlinterpretation zu vermeiden und so das Ergebnis falsch darzustellen.

Die **Vorteile** sind:
- die Ergebnisse können in einem größeren Umfang dargestellt werden, man kann so auch kleinere Details einfügen, was bei der Variante „Flipchart" nicht möglich ist.
- es können Ergänzungen oder Bemerkungen eingefügt werden
- man kann mit verschiedenen Materialien arbeiten, beispielsweise Fotos, Video und Ähnlichem
- mehrere Arbeitsprozesse können zusammengefasst werden, da eine Präsentation stetig erweitert werden kann

Die **Nachteile** sind:
- eine Präsentation zu erstellen ist sehr aufwendig und daher zeitintensiv
- jede Art von textlicher Änderung oder Umformulierung muss abgestimmt werden

Unabhängig davon, für welche Variante Sie sich entscheiden, sollten Sie immer berücksichtigen, dass die Präsentation für die Teilnehmer und deren Verständnis als eine Dokumentation gedacht und deshalb auch so aufgebaut sein sollte.

Präsentieren Sie nun das Ergebnis den Teilnehmern und prüfen gemeinsam noch einmal das erarbeitete Konzept nach der Anwendbarkeit und der Umsetzbarkeit. Werden Vorschläge oder Änderungen von den Beteiligten eingebracht, sollten Sie diese Argumente auch in der Präsentation mit einbauen.

Erklären Sie die Arbeitsphase für beendet. Sie möchten ja auch sicherlich ein Feedback von den Beteiligten bekommen. Beim Stellen der Abschlussfrage ist allerdings Vorsicht geboten, denn es muss gut überlegt sein, welche Fragen Sie jetzt stellen:

Empfehlung

Auf keinen Fall sollten Sie fragen „Wie hat Ihnen denn der Workshop gefallen?" – bei dem Erarbeiten von Ergebnissen stellt sich diese Frage nicht, denn darum geht es auch letztendlich nicht. Was zählt, sind die fachlichen Inhalte. Aber wie wäre es stattdessen mit:

„Was werden Sie von dem heutigen Tag mit in den beruflichen Alltag nehmen?"
oder
„Wie werden Sie die heute erarbeiteten Lösungen in den nächsten Tagen in Ihren Arbeitsprozess einbringen?"

Ganz zum Schluss können Sie noch eine kleine Feedback-Runde für die Teilnehmer starten. Hier geht es um die Einschätzung über den Ablauf des Workshops, was ihnen gefallen hat, aber auch, was nicht so gut war. Vorschläge, was beim nächsten Mal besser gemacht werden kann, sind wertvolle Informationen für Sie, denn das sind Fakten, mit denen Sie sich selbst als Moderator weiterentwickeln können.

Empfehlung

Sie können hierfür auch ein Flipchart verwenden. Notieren Sie die wichtigsten Aspekte, die von den Teilnehmern beurteilt werden sollen. Alle Beteiligten sollen dann durch die Vergabe von Punkten darstellen, was gut und was weniger gut war. Legen Sie vorher fest, welche Anzahl von Punkten Sie vergeben wollen. Dies kann nach dem klassischen Prinzip, der Schulbenotung, von „1 für sehr gut" und „5 für sehr schlecht" durchgeführt werden. Hierfür können Sie entweder verschiedenfarbige Marker oder auch selbstklebende Punkte in einer Farbe verwenden.

Haben Sie das Ziel des Workshops nicht zu 100 % erreicht und es gibt noch offene Punkte, sollten Sie auch gleich einen weiteren Workshop vorschlagen und diesen auch gleich terminlich fixieren. So stellen Sie sicher, dass auch die gleichen Teilnehmer bei der Fortsetzung des Workshops dabei sind.

Ein weiterer wesentlicher Aspekt ist aber noch zu erwähnen: dass Sie nämlich spätestens am nächsten Tag allen Teilnehmern die erarbeiteten Unterlagen zur Verfügung stellen müssen. Beachten Sie dabei auch, je schneller die Dokumentation zur Verfügung gestellt wird, desto schneller können die Teilnehmer im Arbeitsalltag damit arbeiten.

Nachbearbeitung

D er Workshop ist vorbei und das war es? Das kann ich so leider nicht stehen lassen, denn nun sind die Nachbearbeitung und die Dokumentation die letzten Schritte. Die positiven und negativen Erlebnisse und Erfahrungen aus dem Workshop müssen aufgearbeitet werden und dadurch schaffen Sie sich gleichzeitig eine neue Inspiration für zukünftige Arbeitskreise.

DIE NACHBEARBEITUNG

Nur so lassen sich die Prozesse gezielt verbessern und bereits gemachte Fehler vermeiden. Der Moderator kann seine Maßnahmen und Methodenkompetenz dabei kritisch reflektieren. Es hilft Ihnen nicht, wenn Sie sich selbst auf die Schulter klopfen, denn es gibt immer bestimmte Dinge, die man beim nächsten Mal besser machen kann.

Eine Hinterfragung des gesamten Ablaufes möchte ich Ihnen dazu gerne nachfolgend aufzeigen:

Empfehlung

Was ist positiv und was ist weniger positiv gelaufen?

Je selbstkritischer mit dieser Frage umgegangen wird, desto besser können Sie einen positiven Einfluss auf die Änderungen für das nächste Mal nehmen. Hierzu kann man eine Tabelle erstellen mit den Spalten „Positive Ergebnisse" und „Negative Ergebnisse". Dies hat den Vorteil, dass Sie eine direkte Gegenüberstellung haben.

Welche Techniken haben funktioniert, welche

gar nicht und wie begründen Sie dies?

Verschiedene Moderatorentechniken anwenden bedeutet auch immer, dass diese zu einem positiven Ergebnis führen müssen. Überlegen Sie, welche Techniken angewandt wurden und welche Ergebnisse damit erzielt wurden. Auch dafür ist wiederum eine Tabelle für eine bessere Übersichtlichkeit von Vorteil. Diese lässt sich ebenfalls relativ einfach erstellen, indem man auf der einen Seite alle angewandten Techniken auflistet und daneben drei weitere Spalten mit „erfolgreich", „nicht erfolgreich" und der „Begründung", warum einige Methoden nicht erfolgreich waren. Auf diese Art und Weise kann man in der ersten Spalte mit den angewandten Techniken mit zwei verschiedenfarbigen Stiften, beispielsweise einem roten und einem grünen Stift, alles markieren und dann analysieren. Für Ihre eigene Motivation sollten Sie mit den grünen Markierungen beginnen, da diese den Charakter der Wiederholung für den nächsten Workshop haben. Nachdem Sie sich an den „erfolgreichen" Techniken gestärkt haben, wenden Sie sich den „nicht erfolgreichen" Techniken zu. Analysieren Sie diese und überlegen Sie, ob die Ursache an den Teilnehmern oder an der eigentlichen Methode begründet war. Gehen Sie dann nach dem Ausschlussprinzip vor und probieren beim nächsten Mal andere Techniken aus.

Wurden alle Verhaltensregeln akzeptiert und eingehalten?

Lassen Sie den Workshop Revue passieren. Waren die Verhaltensregeln ein Mehrwert für den Arbeitskreis oder haben sie eher eine innovative Diskussion verhindert? Wurden die Regeln nicht eingehalten, dann hinterfragen Sie die Gründe – konnten Sie sich bei strittigen Diskussionen durchsetzen und haben alle Teilnehmer wieder auf ein vernünftiges Niveau und auf den Boden der Tatsachen geholt oder hat man Ihnen gar kein Gehör geschenkt? Eskalationen müssen von Ihnen unterbunden werden und wenn Sie das nicht schaffen, weil Sie zu zaghaft sind, dann haben Sie jetzt die Möglichkeit, dies bis zum nächsten Workshop zu trainieren.

versuchen diese dann etwas kürzer zu halten. Letztendlich zählt nur, dass Sie am Ende des Workshops nicht mehr als 30 Minuten überziehen, da sonst schnell die Konzentration verloren gehen kann.

War das Feedback der Teilnehmer konstruktiv?

Es gibt bei dem Feedback der Teilnehmer nicht immer nur eine positive Resonanz, sondern auch kritische Anmerkungen. Sie wissen sicherlich, dass man durch konstruktive Kritik nur wachsen kann. Es ist auch für Sie ein Lernprozess und man bekommt dadurch Anregungen, was man wie bei dem nächsten Workshop anders oder besser machen kann. Dies ist für Sie eine wichtige Erfahrung, um richtig professionell zu werden.

Welche Erkenntnisse haben Sie für die Zukunft gewonnen?

Es kann nur dann eine Zufriedenheit bei Ihnen, den Teilnehmern und auch dem Auftraggeber über das erreichte Ziel geben, wenn Sie dieses auch erreicht haben. Sicherlich ist es nicht problematisch, wenn ein oder zwei Teilergebnisse auf einen anderen zeitnahen Termin verlegt werden müssen, weil die eingeplante Zeit einfach nicht ausgereicht hat. Denken Sie aber an das Budget, so werden Sie eine gute Argumentation benötigen, um den Auftraggeber davon zu überzeugen, dass es in der vorgegebenen Zeit nicht zu schaffen war. Hilfreich bei dieser Diskussion ist dann natürlich die Vorlage der bereits erreichten Ergebnisse und eine sachliche Begründung, warum ein oder zwei Teilergebnisse für das Gesamtergebnis noch fehlen.

Ziehen Sie bei der Nachbearbeitung alle positiven und negativen Erfahrungen zusammen, so wissen Sie bei dem nächsten Workshop, was Sie anders, besser oder gar nicht anwenden sollten.

DIE DOKUMENTATION

Nun sollte zum Abschluss noch eine repräsentative Dokumentation für den Auftraggeber erstellt werden. Dabei spielt die Qualität eine große Rolle und Sie sollten mit allen softwaretechnischen Werkzeugen arbeiten, die Ihnen zur Verfügung stehen, denn es ist wichtig, dass der Auftraggeber verstehen kann, was in dem Workshop effektiv als gewinnbringendes Ergebnis erzielt werden konnte. Bedenken Sie hierbei, dass er die ganzen Diskussionen und kreativen Ideen nicht kennt und das muss er auch nicht, denn für ihn zählen nur die Ergebnisse. Allerdings sollten Sie darauf vorbereitet sein, dass er fragt, wie Sie zu diesem Ergebnis gekommen sind, dann müssen die einzelnen Fakten genauer definiert werden. Sie haben zwar viel Fotomaterial aus dem Workshop mitgebracht, aber dieses sollten Sie nur beschränkt einsetzen oder noch besser, finden Sie Ihre eigenen Formulierungen und stellen diese kurz und knapp dar.

Ich hoffe, dass Ihnen mein Ratgeber wichtige Hinweise geben konnte und ich wünsche Ihnen für Ihren Workshop viel Erfolg.

Herstellung und Verlag:

BoD – Books on Demand, Norderstedt

ISBN: 9783751935425

1. Auflage

Kontakt: Psiana eCom UG/ Berumer Str. 44/ 26844 Jemgum

Covergestaltung: Fenna Larsson

Coverfoto: depositphotos.com